COUP-D'ŒIL

SUR LA

SITUATION DE L'EUROPE,

APRÈS

LA CAMPAGNE DE 1814.

30632

COUP-D'ŒIL

SUR LA

SITUATION DE L'EUROPE,

APRÈS

LA CAMPAGNE DE 1814.

PAR J. D***.

Amicus Plato, amicus Aristoteles,
sed magis amica veritas.

~~~~~~~~

PARIS;

J. G. DENTU, IMPRIMEUR-LIBRAIRE,

Rue du Pont de Lodi, n° 3, près le Pont-Neuf;

Et Palais-Royal, galeries de bois, n°s 265 et 266.

1814.
~~~~~~~~

COUP-D'ŒIL

SUR LA

SITUATION DE L'EUROPE,

APRÈS

LA CAMPAGNE DE 1814.

———

Tout homme qui a pensé une idée utile à son pays, ou aux autres en général, en doit compte à l'espèce humaine.

Le genre humain n'est qu'une grande famille séparée en autant de branches qu'il y a de différens peuples, chacun d'eux à sa police et ses lois particulières, mais tous ont la même loi commune de la conscience qui leur prescrit les mêmes devoirs envers chacun des individus qui composent les différentes branches.

Les diverses démarcations des empires sont au monde entier ce que sont les provinces aux royaumes, chacun se doit plus spécialement à sa patrie qu'à celle des autres ; mais par-tout où il y a des hommes, l'homme quel qu'il soit a des devoirs à remplir et des dettes à acquitter.

C'est cette conviction qui m'engage à m'élancer au milieu du cahos de l'Europe et du bouleversement de tous les intérêts politiques et commerciaux. Spectateur tranquille de la chute et de la restauration des empires, j'ai peut-être mieux vu que les acteurs eux-mêmes.

Je sens au dedans de moi que je suis un juge impartial des évènemens qui viennent de se précipiter les uns sur les autres avec tant de fracas et de rapidité, qu'ils ont laissé les peuples étonnés dans la stupéfaction et l'incertitude de savoir s'ils avaient vu ou rêvé.

Cosmopolite par goût naturel, et par la bizarrerie de mon étoile, qui m'a promené de pays en pays autour des peuples et des révolutions, je n'ai eu aucun esprit de parti.

Je n'ai jamais appartenu exclusivement à aucune secte, à aucune métier, j'ai fait la guerre, j'ai voyagé, j'ai commercé ; mais je ne suis ni courtisan, ni négociant, ni bourgeois, ni soldat, ni prêtre. Je n'ai que l'intérêt d'un habitant du globe, à ce que j'ai vu à ce que je vais dire ; j'aime mon pays de préférence, mais par-tout où les hommes sont braves et bons, je crois voir des compatriotes ; je suis tel aujourd'hui que la nature m'a fait. J'ai traversé du même pas les révolutions de ma patrie et les terribles évènemens qui m'ont entouré ; j'ai vu les tempêtes de l'océan prêtes à m'engloutir, celles de la politique prêtes à anéantir tous les États de l'Europe ; j'ai vu tomber, frappé comme par la foudre, le géant de l'histoire moderne..... Je n'ai été ni assez troublé ni assez ému pour perdre le sang froid avec lequel j'ai contemplé ces étonnantes vicissitudes, qui ont semblé dérouler sous nos yeux l'histoire et les faits d'une foule de siècles dans le court espace de quelques années.

Analyser ce que j'ai vu, ce que j'ai senti, présenter le tableau de l'Europe tel qu'il est en ce moment, sous mes yeux, sera peut-être rendre service à mon pays ou aux hommes en général ; dire la vérité dans la vue d'être utile ne peut qu'être louable, il me suffit d'ailleurs que ce soit acquitter ma conscience pour m'excuser de prendre la plume.

Il existait autrefois en Europe autant d'Empires ou d'États différens qu'il y avait de souverains ; des traités anciens, des alliances de familles, des convenances réciproques maintenaient l'équilibre de l'Europe ; le besoin de se conserver indépendant inspirait à chaque souverain la sage politique de ne pas laisser envahir son voisin dans la crainte de l'être lui-même.

On a cru pendant long-temps que la conquête ou la chute d'un Empire était impossible en Europe, et jusqu'au partage de la Pologne ; et à la révolution d'Amérique cette opinion avait beaucoup de vraisemblance, ou pour mieux dire elle était certaine tant que les cabinets ont suivi sans altération leur ancien système d'équilibre politique.

En effet, tout était calculé pour les cas prévus, et dont on avait déjà fait l'expérience ; et si les motifs qui ont armé la France contre toute l'Europe, et celle-ci contre elle eussent été seulement une querelle de cabinet, une dispute de succession ou une réclamation de province, des millions d'hommes n'eussent pas péri, des empires, des royaumes n'eussent pas été dévastés, déchirés, détruits et récréés pour être détruits encore, et rétablis enfin sur les débris de leur primitive existence.

Mais quand les peuples et non les rois se

font la guerre, tous les calculs de cabinet s'évanouissent, et l'histoire rétrograde vers les temps barbares de l'invasion des Huns, des Goths, des Francs et des Vandales.

Vingt-quatre ans se sont écoulés depuis que les ressorts de l'ancienne politique des cabinets se sont brisés. Les anciennes convenances n'existent plus, les anciens canaux du commerce sont détournés, les anciennes bases des alliances des peuples sont renversées.

La dévastation a ravagé les provinces et les royaumes; toutes les puissances de l'Europe ont été renversées ou ébranlées, une seule n'a cessé, par une constante prospérité, de s'élever dans la proportion effrayante de l'abaissement et de l'affaiblissement de toutes les autres.

Maintenant que chacun a déposé les armes; maintenant que le cri de paix retentit d'un bout de l'Europe à l'autre ; maintenant que l'on a rétabli, autant que possible, les anciens peuples, quel génie bienfaisant tracera les conditions libérales qui doivent consommer le grand ouvrage de leur délivrance ? Qui donnera des assurances et des garanties suffisantes aux faibles contre l'oppression des forts?

Tous les anciens rapports ont disparu, ou ont cessé de convenir à la nouvelle situation de l'Europe. Cette belle partie du globe, autrefois peuplée de tant de royaumes, compte à peine aujourd'hui quatre puissances : la Russie, l'Autriche, la France et l'Angleterre ; toutes les autres sont rentrées dans le néant de la dépendance; ou pour mieux dire, osons être vrais, il n'existe aujourd'hui que deux maîtres en Europe, Alexandre, qui dicte ses lois sur le continent, et qui menace de le réduire en province russe, et l'Anglais, dominateur superbe de l'élément qui lui sert de rempart, qui s'est fait une propriété de la mer, et qui·dispose à son gré des trésors et de l'abondance des peuples courbés jusqu'aux extrémités de la terre sous le trident qui sert de sceptre à sa puissance magique.

Qui pourra, dans la position actuelle de l'Europe, disputer la terre aux Russes et la mer aux Anglais !

Ah! du moins s'il ne nous est pas réservé de rendre aux trônes ébranlés leur à-plomb et leur indépendance, si les peuples écrasés doivent long-temps encore saigner des plaies cruelles que leur a fait le fer des révolutions ; qu'il nous soit permis de jeter un coup-d'œil politique sur ce vaste théâtre des scènes sanglantes de l'histoire moderne ; appelons chaque puissance à l'examen de ses droits, de ses prétentions et de ses moyens; examinons sa dette, son industrie, sa population, son esprit public, et anticipons sur les évènemens, pour pressentir d'avance l'arrêt définitif que l'ambition ou la générosité se préparent à rendre dans les murs de Vienne, par la bouche même des rois et des empereurs ; hélas ! celui de la justice et de la loyauté serait la restitution de la Pologne à elle-même, et celle de la Saxe à son roi; mais la justice et la politique sont aujourd'hui rarement d'accord.

———

L'Angleterre, par l'étendue de son sol, la nature de son climat et les bornes de sa population, n'a de droits réels qu'à une importance bien secondaire dans la balance des intérêts de l'Europe.

Moins grande et moins peuplée que le tiers de la France, elle doit à son isolement du continent, à son caractère national, à son industrie persévérante, cette puissance factice qui l'a élevée à un degré de prépondérance et de prospérité inconnu dans l'histoire, jusqu'à nos jours.

Souveraine de la mer, elle a conquis l'Asie, affranchi l'Afrique du commerce des esclaves, soumis les deux Amériques à la dépendance de son industrie, et rendu l'Europe tributaire de ses fabriques et de son système politique et commercial.

Ses flottes marchandes lui apportent sans cesse tous les genres de productions connus sous le ciel.

Ses escadres sont plus nombreuses et plus puissantes que celles de tous les peuples réunis.

Son commerce et son industrie vont jusqu'aux extrémités de la terre enlever aux nations, la matière première de ses fabriques, qu'elle leur rapporte ensuite confectionnée, en ajoutant à son premier prix l'impôt énorme de la fabrication et du transport.

Son agriculture, en doublant ses produits par une culture savante, a comme doublé son étendue; et ses villes flottantes, sur lesquelles réside, comme à demeure, un vingtième de sa population active, semblent une conquête sur la mer, et comme une province ajoutée à son territoire.

Tant d'avantages réunis ne seraient rien, s'ils, étaient le résultat de la conquête, ou d'une faveur de la fortune ; et, dans ce cas, ils n'inspireraient à la nation ni confiance, ni sécurité ; mais ils sont le fruit du temps, du travail constant et d'un système de persévérance et de conduite qui ne rencontrera jamais d'autre écueil que son étendue, et d'autre cause de chute que sa grandeur.

L'état florissant de l'Angleterre est à-la-fois l'ouvrage et la propriété de chaque Anglais. La patrie est pour eux l'arche du Seigneur ; ils sont prêts à perdre leur fortune et leur vie avant d'y laisser toucher : elle est toute à eux ; ils sont tout à elle. Le roi n'est en Angleterre que le premier magistrat du peuple anglais ; et la vérité nous oblige de confesser que jamais aucun peuple n'a mieux connu le dévouement à son pays et cet esprit national qui rend tous les sacrifices faciles, et qui commande le succès de toutes les entreprises.

Un gouvernement froid, mais d'une persévérance obstinée, préside à tous ses conseils. L'économie des hommes et la profusion de l'argent donnent la confiance aux subalternes, et tous les moyens aux chefs: assez d'or, de crédit, d'industrie et de marchandises pour acheter et approvisionner des armées, assez de vaisseaux pour les transporter en sûreté, pendant la guerre comme en pleine paix, d'un bout de l'univers à l'autre, les rend aujourd'hui formidables à toutes les nations, et inexpugnables dans leur île.

Maîtres absolus de la mer, par-tout les côtes sont à eux ou à leurs alliés ; par-tout ils ont un port contre la tempête, un arsenal et des magasins.

Tels sont les Anglais aujourd'hui, propriétaires de l'Asie et de la mer, maîtres en quelque sorte du reste du monde par leur influence commerciale ou politique; inattaquables chez eux, où la nation entière forme maintenant une grande armée brave, instruite et disciplinée ; invincibles sur mer, où leurs flottes et leurs escadres ont trop de supériorité; hors de toute concurrence dans le commerce, dont ils ont tous les canaux en leur puissance, et dans la carrière de l'industrie, où ils ont remplacé les hommes par des machines et raffiné tous les procédés. Il ne reste donc plus à les combattre que dans leur politique ; mais ils y ont acquis l'influence que leur a valu leur conduite avec la coalition, leurs succès en Espagne, leur générosité fastueuse envers les alliés, et la juste reconnaissance de ceux qu'ils ont délivrés.

Ainsi donc, ils sont en ce moment la première nation en richesses, en ressources, en crédit, en moyens d'attaquer ou de se défendre.

Tant de gloire et de puissance suppose et commande la générosité : l'intérêt de l'Angleterre ne lui conseille point de conquêtes ; mais son commerce et sa politique la porteront à garder tous les points qui peuvent protéger l'un et influencer l'autre. Gibraltar, Malte, Corfou, le cap de Bonne-Espérance, quelques ports au Brésil, et des traités de commerce positifs : voilà probablement quelles seront, au congrès de Vienne, les demandes et les prétentions de l'Angleterre.

Libératrice du Portugal et de l'Espagne, âme de la ligue qui a délivré l'Europe et rétabli les anciens trônes, elle intéressera la reconnaissance des peuples et des rois pour assurer leur dépendance, en les soumettant au tribut de son industrie manufacturière.

Liée par des traités formels, et antérieurs aux derniers évènemens, à la famille régnante en Sicile, et qui élève encore des prétentions au trône de Naples, elle interviendra peut-être comme médiatrice pour lui obtenir des compensations, à moins que, rébutée par ses continuelles discussions avec la Sicile , elle n'écoute que ses idées libérales , en laissant Naples garder sans difficulté un souverain qu'elle chérit, auquel une moitié de la nation doit la vie, et l'autre la reconnaissance d'un gouvernement doux et paternel.

La Russie , dont nos aïeux savaient à peine l'existence , à laquelle nos fautes viennent de donner la supériorité en Europe, presque aussi grande que cette partie du Monde vers laquelle sa convenance l'attire par la beauté du climat, la fertilité de son sol, les ressources de son industrie et de sa population, présente aux yeux des observateurs des phénomènes d'histoire et de politique , qu'il est nécessaire d'approfondir pour en concevoir une juste idée.

Moitié déserte, moitié habitée, gouvernée par des hommes de génie et de talens supérieurs, la nation russe offre sans intermédiaire les deux extrêmes réunis de la civilisation européenne et de la barbarie asiatique ; du luxe et de la misère, de la puissance et de l'esclavage ; son climat réunit à-la-fois les contrastes les plus opposés : l'on élève encore des palais de glace à Saint-Péterbourg, que les moissons jaunissent déjà dans la Crimée.

Son territoire, son gouvernement, sa religion, son état militaire, son état civil sont à elle seule, et n'ont de modèle et d'imitation nulle part.

La nation en général n'a presque point de citoyens; elle est divisisée en deux principales classes, les seigneurs et les esclaves. Répandue sur une surface immense, chaque province diffère de l'autre par son sol et par ses usages et ressemble plutôt à un peuple à part qu'à une portion du même Empire. Coupée de lacs, de forêts et de déserts immenses, les mœurs, les coutumes, les lois et les habitudes y sont tellement variés, qu'une armée russe paraît celle de vingt peuples différens.

Son gouvernement est despotique, et le dévouement des sujets n'a point de bornes, quand la cause du sacrifice est juste et nécessaire comme dans la guerre dernière.

Sa population, d'environ quarante millions d'âmes, la met à même de lever une armée de cinq cents mille hommes.

Ses troupes légères et sa cavalerie sont communément sans solde, font la guerre en partisans, et s'équipent à leurs frais.

L'armée russe est brave, et commandée par des chefs instruits. Nous avons eu de grands avantages sur elle dans les premières campagnes par la rapidité de nos mouvemens; mais depuis que l'expérience leur a appris que tout le secret de notre nouvelle tactique consistait à porter la plus grande masse sur le point décisif, ils sont devenus nos égaux en succès, comme ils l'étaient en courage.

Sa marine militaire et commerçante est peu de chose et ne mérite l'attention que des puissances riveraines de la Baltique. Son commerce est en sa défaveur ; elle n'exporte que du fer, du chanvre, du bled, de la mâture, du cuir, du suif et de la potasse ; ce dernier article vient presque d'être anéanti par les découvertes de la chimie, qui lui a substitué la soude extraite du sel marin dans plusieurs procédés manufacturiers.

Elle retire des divers États de l'Europe, une grande partie de sa consommation en objets confectionnés ; ses manufactures sont nouvelles et en petit nombre.

L'Angleterre, l'Allemagne et la France, la tiennent encore pour long-temps dans la dépendance de leur industrie.

Mais elle doit aux dernières révolutions

de l'Europe un agrandissement et une supériorité militaire qui la rendent la puissance la plus influente sur les destinées de l'Europe continentale, et qui finiront probablement d'ici à quelque temps, par lui en asurer la conquête.

La conduite noble et modérée de l'empereur Alexandre, lui a valu une confiance, une estime et une influence en Allemagne, presque égale en autorité au pouvoir réel que lui donne sa force militaire, unie à celle des ses alliés. Alexandre, au congrès de Vienne, disposera des puissances de l'Europe presque sans difficulté. Il a pour lui son armée, ses conquêtes et l'amour des peuples, dont il a été le vrai chevalier.

De tout ce qu'il occupe dans le nord, il gardera ce qui convient à sa politique, et prononcera sur les vœux ambitieux de la Prusse et sur l'existence de la Saxe ; sa voix avancera ou reculera les limites incertaines et contestées des puissances alliées et de leur conquêtes ; c'est lui qui aura l'initiative sur la restitution ou la réserve qui aura lieu envers les puissances rétablies. En un mot, la Prusse, intéressée au partage et dévouée à celui qui l'agrandit ; l'Angleterre, presque in-

différente pour ses intérêts ; la France, sou-
mise par la reconnaissance ; l'Espagne qui
n'a aucune prétention aux dépouilles de la
conquête , n'opposeront aucune résistance
solide à ses volontés.

L'Autriche seule que ses ressentimens , ses
craintes futures et son intérêt présent doivent armer contre l'agrandissement et l'influence de la Russie en Europe ; l'Autriche ,
bien convaincue que la destruction de la Saxe
et de la Pologne la menace imminemment
du même sort, ne négligera rien pour s'op-
poser aux vues d'Alexandre. Et si l'empire
partage l'opinion et les craintes bien fondées
de son ancien chef, ce congrès, annoncé
comme pacificateur, deviendra le sujet d'un
nouvel incendie prêt à embrâser l'Europe.

La France, qu'un génie dévastateur avait
rêvé inépuisable d'hommes, d'argent et de productions ; la France, que son sol, son climat,
sa population , son industrie , sa situation sur
trois mers, rendaient jadis le premier empire
de l'Europe, cette France, autrefois si belle, si
forte, si imposante , aujourd'hui si épuisée
et convalescente de vingt-quatre années de
convulsions, offrirait encore un poids considérable dans la balance des intérêts de l'Eu-

rope, si la reconnaissance des évènemens récens n'imposait silence à ses prétentions et à ses intérêts.

Réduite à 20 millions d'habitans, repoussée de ses limites naturelles, le Rhin, les Alpes et les Pyrénées, elle a long-temps à gémir, sans doute, sur la folie d'un insensé qui, en précipitant sa propre ruine, lui a ravi ces boulevards imposans dans lesquels la nature l'avait comme encaissée.

Ecrasée par un déficit nouveau de quinze cents millions, surchargée de l'existence de ses armées nombreuses devenues inutiles, et de cette nuée d'employés de toute espèce dont le système continental avait inondé la Prusse, l'Allemagne, la Hollande, l'Italie et l'Espagne ; obligée de servir de refuge aux malheureux qui, séduits dans leur propre pays par le faux éclat du plan gigantesque d'un insensé, sont devenus victimes de leurs ambition particulière et de sa chuté ; la France, dis-je, retenue par la délicatesse et par la reconnaissance, n'osera peut-être plaider au congrès sa cause avec énergie, ni discuter ses intérêts avec la liberté nécessaire dans d'autres temps.

Il est inutile d'entrer dans le détail de ses

moyens, de ses forces et de ses ressources ;
il importe uniquement d'approfondir aujour-
d'hui ce qui est relatif à ses relations com-
merciales et aux prétentions assurées de
l'Angleterre à un traité de commerce avec
elle. De l'état de l'un et des bases de l'autre
dépend la solution de ce problême : si la
France peut encore espérer de se voir flo-
rissante et indépendante, ou si elle a pour
jamais subi le joug que doit lui imposer un
traité désavantageux.

Essayons de présenter ici les funestes conséquences qui peuvent en résulter, et faisons
l'examen des moyens qu'il nous reste de satis-
faire aux vœux des Anglais, en échappant à
notre ruine et à notre asservissement.

Toute nation qui n'a point d'industrie,
point de manufactures, et qui consomme des
objets fabriqués importés de l'étranger, doit
trouver dans les produits de sa culture et
l'exploitation de ses mines une somme équi-
valente au prix des objets importés chez
elle ; sans quoi, obligée de les acheter en
argent, elle s'épuise journellement de numéraire, et finit par tomber dans la pau-
vreté.

Celle qui possède des établissemens d'in-

dustrie non encore perfectionnée, et qui,
soit à cause des difficultés locales, soit à
cause du mode d'exécution, ne peut rivaliser
avec l'étranger, ni par la bonté de son travail,
ni par la beauté, ni par la modicité du prix,
doit se garder de permettre indiscrètement
chez elle l'entrée des produits d'une manufacture rivale qui établira mieux, plus beau,
ou à meilleur prix.

Les conséquences naturelles de cette conduite irréfléchie seront certainement la préférence que le consommateur donnera au
produit de l'industrie étrangère, et la ruine
de la manufacture nationale.

Ces bases une fois convenues, examinons
la position commerciale de l'Angleterre et
de la France.

La France possédait, avant la révolution,
un grand nombre de manufactures : leur
produit était connu ; il est ignoré aujour-
d'hui, et de long-temps on ne pourra l'éva-
luer au juste ; mais sans avoir la précision des
sommes, les raisonnemens que nous devons
établir n'en auront pas moins le cachet de
l'évidence et de la démonstration.

Les draps, les toiles, les soieries, les den-
telles, les modes, les chapeaux, les cuirs

étaient jadis les principaux objets d'exportation que lui fournissait son industrie ; son agriculture lui donnait une quantité considérable de vins et d'eaux-de vie.

Elle avait à cette époque des canaux d'écoulement, des moyens de transport, des consommateurs assurés ; ses flottes, ses colonies et sa marine militaire, lui garantissaient tous ces avantages, même pendant la guerre ; elle retirait en retour des produits coloniaux en quantité beaucoup plus grande que sa consommation particulière , et l'excédent versé aux Hollandais et aux fabriques du Brabant l'enrichissait en numéraire, et compensait ainsi des achats quelquefois nécessaires de bled pour les provinces du midi, et l'exportation d'argent que nécessitait le commerce de l'Inde.

Notre commerce avec l'Espagne et le Portugal qui payaient en or et en laine nos éventails, nos tabatières , nos modes, nos draps et nos toiles , nous offrait une balance extrêmement favorable.

Le Levant était un débouché pour toutes nos fabriques en général.

La Russie et l'Allemagne alimentaient toutes nos manufactures de soie, et nous recevions encore dans ce commerce plus d'argent que d'objets en nature.

L'Italie prenait nos draps, nos cuirs, nos toiles, et nous donnait en échange du bled, de l'huile et de l'argent. Telles étaient à-peu-près les bases du commerce avant la révolution, telles elles pourraient redevenir si les choses et les circonstances étaient les mêmes.

Mais il ne nous reste plus de colonies où nous trouvions des consommateurs forcés ; nous n'avons plus de flottes ni d'escadres pour porter et protéger nos marchandises.

Nos fabriques ont désappris les ouvrages qui convenaient à tels ou tels consommateurs : ceux-ci ont remplacé leurs besoins ou se sont fait d'autres habitudes.

Nos manufactures, dans l'enfance pour ainsi dire, et qui n'ont encore pu parvenir à suppléer les hommes par les machines, ni atteindre la perfection minutieuse, présenteraient en vain leurs produits dans un marché libre, personne n'achètera une chose imparfaite et plus chère, de préférence à une meilleure et qui coûtera moins.

Le commerce actif de la France avec

l'étranger ou avec ses colonies est donc devenu de bien peu d'importance. Examinons maintenant quel serait le résultat de celui que l'étranger peut venir faire chez elle.

Le défaut de concurrence dans les marchés où nous vendions autrefois nos marchandises, a fait long-temps négliger aux fabriques et la perfection minutieuse, et l'économie des moyens. On s'en occupe depuis quelques années ; mais nous sommes bien éloignés d'atteindre les Anglais dans ce genre : nous faisons quelquefois aussi bien, et quelquefois mieux, mais jamais à aussi bon marché; cependant tous les besoins de la vie sont plus chers du double en Angleterre. Qui donc pourra résoudre ce problême ?

Il existe quelquefois une différence si prodigieuse entre les produits anglais et français, que si l'entrée était librement accordée aux premiers, les fabriques de ce genre seraient sur le champ anéanties en France.

Dans cette classe sont les fers , les aciers, les cuirs, les draps, les tissus et une grande quantité d'articles futiles de quincaillerie et de bijouterie , dont la valeur de la matière n'est rien , et la main-d'œuvre est tout.

Faisons seulement ici cette supposition :

vingt-cinq chaînes de montre d'acier, d'un louis la pièce, sont importées d'Angleterre en France. L'arpent de Paris rend ordinairement pour un louis de blé par an à son propriétaire, n'est-ce pas la même chose que si les Anglais étaient devenus propriétaires pour une année de ces vingt-cinq arpens; et encore n'ont-ils pas sur nous cet avantage que le produit de l'industrie est assuré, à l'abri de l'intempérie des saisons, et celui de la terre y est sujet? Pour que la balance du commerce fût sans cesse en équilibre, il faudrait qu'il fût importé et exporté pour une somme égale d'objets dont toute la valeur est dans la main-d'œuvre.

Mais ici, dans le traité que les Anglais veulent forcer la France à souscrire, le tiers au moins de leur commerce sera de fer et d'acier dont le travail fera tout le prix.

Mais ici, bien loin de remporter en échange des ouvrages d'un travail précieux et d'une matière vile, il résultera de leur concurrence avec les fabriques françaises, qu'elles ne pourront plus vendre aucun de leurs produits, même à leurs concitoyens, ceux que les Anglais apporteront étant meilleurs, plus finis et à meilleur marché.

Le moins qu'ils puissent emporter sera nos produits agricoles, nos vins, nos eaux-de-vie, etc.

Alors ce commerce ne reviendra-t-il pas au même que si l'Anglais était propriétaire du terrein qui a produit le vin qu'il emporte?

Le résultat n'es-il pas le même que si le vigneron eût employé son temps à faire les objets que l'Anglais est venu vendre en France, et que celui qui a fait ces objets en Angleterre fût venu cultiver la vigne ?

Ou bien ne peut-on pas dire : l'Anglais vous apporte une livre de fer, et vingt-cinq journées employées à le travailler; et vous, vous lui donnez une barrique de vin dans laquelle il est entré vingt-cinq journées, plus l'intérêt du capital que vaut la terre qui aura produit le vin, et que vous perdez.

Bref, vous donnez du vin pour du temps, n'est-ce pas le même que si vous prenniez à loyer des hommes en Angleterre, et que vous leur payassiez leur gages en produits agricoles? Si cela était ainsi, le mal serait moindre qu'il n'est en effet; car en Angleterre on a substitué des machines aux hommes ; or, en vous apportant le produit manufacturé de ces machines sur une matière première de peu de valeur, telle que la faïence ou le fer, et emportant en retour ou de l'argent ou des produits, c'est comme si l'on vous disait : vous paierez tant de vos produits, parce que tel moulin a tourné pour vous en Angleterre ; cependant ce moulin n'aura pas produit et créé pour vous une matière première, il aura seulement pu la modifier.

Un traité de commerce ne peut qu'être ruineux, quand l'un donne seulement de l'industrie en paiement des denrées ou de l'argent de l'autre.

Tous les objets d'échange de l'Angleterre ne sont pas également sans valeur, il en est dont la matière a son prix intrinsèque ; mais dans tous, l'industrie et la main-d'œuvre entrent pour beaucoup, et c'est cette main-d'œuvre glissée dans un traité de commerce spécieux, qui devient un impôt énorme et qui mine sourdement la prospérité du peuple qui l'aura souscrit.

En France, par exemple, on fait tous les clous à la main ; en Angleterre, des machines ingénieuses prennent le fer à la fournaise, le divisent en barre, l'allongent et frappent à l'emporte pièce des clous de toutes les dimensions, ils surpassent ceux fabriqués ailleurs en ce qu'ils sont uniformes, et moulés pour ainsi dire ; ils ont l'air d'avoir été travaillés à la lime, polis et brunis.

La fabrique qui les établit ainsi en grand, a encore sur toutes les fabriques du globe cet avantage, que faisant d'une seule chaude le tirage du fer et la fabrication, elle économise la consommation du combustible', le temps, et le déchet qu'éprouve le métal chaque fois qu'il est passé à la forge.

L'Angleterre, avec ses machines, son industrie, ses charbons fossiles, n'a pour ainsi dire qu'à monter ses usines et faire marcher ses moulins pour recevoir comme un tribut les sommes énormes qu'elle tire annuellement de ses fabrications.

Mais poursuivons, et venons maintenant, à l'aide d'un traité de commerce pur et simple, verser d'Angleterre en France ou des fers en barre, ou des clous.

Le prix auquel les fabriques françaises établissent le fer en barre excède du tiers celui auquel on peut le livrer en Angleterre, certainement la même différence au moins se fera sentir sur le fer ouvragé ; le premier effet d'une introduction étrangère, sera donc de faire acheter de préférence le fer et les clous anglais : par conséquent de ruiner ou de suspendre la manufacture française , et d'appauvrir l'Etat de toute la somme représentative de la main-d'œuvre, soit qu'elle ait été payée en argent, soit qu'elle ait été compensée par des productions de la culture.

D'après ce calcul, il est démontré que la France marche vers sa ruine si le traité de commerce avec les Anglais ne lui offre pas une compensation quelconque a des pertes si évidentes, ou pour mieux dire, si elle n'imagine point un moyen de les empêcher.

Car, osons le dire, les productions et l'exportation de la France seront aujourd'hui bien peu de chose, comparées à ses besoins réels des denrées et d'objets étrangers; le caractère de la nation prête tellement à la séduction du luxe, que les besoins factices ou les objets inutiles ne le céderont probablement pas aux autres.

Dabord, l'état de nos colonies, notre marine épuisée, ne suffiront point dans les premiers temps pour approvisionner l'Etat, les versemens faits par les Anglais le seront à meilleur prix que ce que nous aurons cultivé par nous-mêmes; de là le découragement des colons et la perte de notre marine. Sur cet article nous demeurerons indubitablement dépendans de l'Angleterre.

Elle seule fait aujourd'hui le commerce de l'Inde ; elle seule pourra nous approvisionner de ses produits, et fera ses retours en argent ou en productions.

Ses tissus, ses fabriques de faïence, de draps, de plaqué, de coutellerie, de cuirs supérieurs aux nôtres, au moins pour la modicité du prix, asserviront pour jamais notre industrie, épuiseront la France de numéraire ou en échange de productions utiles, ne lui laisseront que des objets de goût, de luxe sans valeur intrinsèque, et des façons.

Cependant l'Angleterre trouvera dans ces versemens la richesse de son trésor, le crédit de sa banque, l'abondance de ses consommations, l'aliment de sa marine et de ses manufactures.

Tandis que la France, au contraire, verra tout périr au milieu d'elle dans la même proportion.

Quel est donc le moyen de parer le coup terrible qui nous menace, et que la politique anglaise a si habilement ménagé? Un seul existe ; c'est de déclarer tous les ports ouverts

à toutes les nations , et toutes les marchandises et denrées permises, moyennant le paiement d'un droit , calculé sur le prix auquel
l'objet présenté pourrait revenir, s'il eût été
le produit de l'industrie ou de la culture française.

De cette manière , le coffre de l'Etat se
remplira d'une partie du bénéfice que fait
l'étranger ; et l'industrie française, qui n'aura
dans cet étranger qu'un nouveau concur-
rent, et non un oppresseur, sentira son
émulation stimulée pour perfectionner ses
procédés, soit dans l'économie , soit dans la
fabrication.

L'étranger, obligé de laisser ainsi entre les
mains du fisc une partie du prix auquel il eût
vendu, si le droit n'eût pas existé, n'emporte
en retour qu'une quantité moindre d'objets :
ainsi donc , au moyen de ce redressement ,
la balance du commerce reste à-peu-près
droite; l'Etat prélève un impôt sur l'étranger,
et il évite que la masse de la richesse nationale soit diminuée d'une somme égale à l'impôt qu'il a prélevé.

Mais on objectera la difficulté, la longueur
du travail nécessaire pour établir un tarif général. Sans doute, et je le confesse,

le travail sera long et pénible ; mais le sera-t-il moins d'être certainement ruiné ?

Je sais bien encore que, quelque parfait que soit le travail, nous en serons néanmoins toujours un peu la dupe au résultat. Premièrement, parce qu'il faudra laisser une petite différence à gagner pour l'étranger. Secondement, tous les articles ne seront pas tellement exacts, que la vigilance du commerce ne vienne à tirer parti de cet inconvénient ; mais du moins le danger d'une ruine immédiate sera suspendu ; le gouvernement ouvrira les yeux sur l'importance du commerce à la prospérité des Etats ; il sentira que sans commerce, il est pauvre, sans marine, et sans considération ; l'émulation des fabriques sera stimulée ; la protection du gouvernement les encouragera, et peut-être viendront-elles à bout de rendre inutile le moyen que j'envisage aujourd'hui, comme le seul, de sauver l'Etat d'une ruine et d'une dépendance inévitable.

Pour ne laisser aucun doute sur la nécessité et sur l'efficacité de la mesure que je propose, faisons une opération simulée de commerce anglais dans les deux hypothèses : la première, du traité de commerce pur et simple ; la se-

conde, du traité modifié par un tarif proportionnel :

Un bâtiment anglais arrive à Bordeaux
chargé de denrées coloniales et de produits
manufacturiers ;

Il a du sucre et du café pour
la somme de. . . . . 100,000 fr.

Des objets fabriqués pour...   5o,ooo

Prix de facture anglaise :

Ces mêmes marchandises ve-
nant des colonies, ou fabriques
françaises , auraient une facture plus élevée de 25 p. 100 ,
et vaudraient par conséquent,
les denrées. 125,ooo

Et les objets de fabrique. .   62,5oo

Le cours de la vente de ces diverses marchandises est à 2 pour 100 de bénéfice sur le
prix de la facture française.

L'Anglais, pour éviter les frais, les len-
teurs, réaliser à la minute, et faire de prompts
retours, vend à 7 pour 100 au-dessous du
cours. Il gagne 20 pour 100 au lieu de 27 ;
mais il économise ses frais, et rend la vente
des objets provenant de la culture ou de l'industrie française impossible.

Il retire donc, pour prix
de ses denrées coloniales . . . 120,000 fr.

Et pour celui de ses manu-
factures. 60,000

Il emploie ensuite cette somme en denrées,
ou bien il l'emporte en argent : s'il l'emporte
en vins, je suppose que le vin vaille 1,000 fr.
le tonneau, il emporte 180 tonneaux de vins
en échange de sa cargaison.

Supposons maintenant que le tarif proportionnel du droit d'entrée soit établi ;

Nous avons vu que la facture française et
la facture anglaise diffèrent de 25 p. 100, et
que la facture française offre encore 2 p. 100
de bénéfice ; le tarif proportionnel peut donc
exercer une retenue de 25 p. 100 sur l'étranger, sans lui faire aucune injustice, puis-
qu'alors il le met dans la même position où
se trouve le négociant national, et lui laisse,
comme à son propre sujet, les 2 p. 100 qui
restent pour son bénéfice.

Que devient alors l'opération de l'étranger?
Il vend sa cargaison en concurrence avec le
national ; mais la vente de l'un ne rend pas
celle de l'autre impossible. Il retire bien
effectivement, pour prix de sa cargaison,
190,500 francs, prix supérieur à la vente sup-

posée dans la première opération ; mais
comme le fisc vient lui demander le prix du
droit de 25 pour cent, ou 37,000 fr., le mon-
tant se trouvera réduit pour lui à 153,500 fr.
qui lui resteront, défalcation faite de la somme
de 37,000 francs de droits qui ont été perçus
par le fisc, et qui deviennent propriété de
l'État.

Maintenant que l'étranger fasse son retour
en vin comme dans la première opération,
il ne peut plus emporter que cent cinquante-
trois tonneaux de vin, au lieu de cent quatre-
vingt : la masse du commerce de France a
donc gagné dans cette affaire vingt-sept
tonnaux de vin en nature, et le fisc trente-
sept mille francs en numéraire. Or, si la proportion de tout le commerce entre la France
et l'Angleterre est établie sur la même échelle,
on peut voir facilement par ce court exposé
combien la France doit perdre dans un traité
de commerce sans restriction, et combien
elle peut économiser en apportant une sage
prévoyance à la redaction de son tarif des
droits d'entrée, seul moyen, j'ose l'affirmer,
d'empêcher les effets désastreux d'un traité
de commerce avec un étranger supérieur en
industrie et en moyens de toute espèce, plus

riche en capitaux, et maître absolu de tous les canaux qui fournissent les matières premières.

Tel est aujourd'hui l'état de la France, que son plus pressant danger est le traité dont elle est menacée par l'Angleterre. Bien convaincue de l'importance qu'elle doit mettre à sa redaction, elle n'apportera guère d'autres prétentions au congrès de Vienne que la confirmation du cabinet d'Autriche à la renonciation faite par son gendre : dans le cas où elle serait à même de s'immiscer dans les affaires d'Italie, elle devrait réclamer le comté de Nice, et faire valoir ses droits à la limite du Rhin ; mais la reconnaissance lui fermera la bouche. Ses notes ne contiendront probablement d'autre demande que celle d'une indemnité pour la famille de Sicile, à laquelle celle des Bourbons est unie par les liens du sang et de l'amitié.

L'Autriche, que les malheurs de l'Europe et de la France ont mise dans une fausse position ; l'Autriche que la bravoure de ses soldats, la bonne foi de son cabinet rendent digne d'un meilleur sort ; triomphante et victorieuse comme ses alliés, maîtresse d'une conquête égale au quart de son terri-

toire, l'Autriche cependant se trouve aujourd'hui placée sur le penchant d'un préci-
pice, où l'ont poussée des circonstances im-
possibles à prévoir, et l'étonnante catastro-
phe qu'elles ont amenée.

Considérée comme elle était jadis, l'Autriche peuplée de vingt-quatre millions d'habitans, ses sujets immédiats répandus sur
un sol fertile, arrosé de grands fleuves et
abondans de toutes les nécessités de la vie,
alliée, on peut même dire souveraine de la
confédération germanique qui comprenait la
Saxe, la Bavière, le Wirtemberg, le Wur-
temberg, les deux Mecklembourg, la Basse-
Saxe, l'Oldenbourg, l'Hanovre, tous les
électorats et les villes libres impériales ;
l'Autriche, dis-je, considérée comme empire d'Allemagne, avait assez de force pour
résister à l'invasion d'un grand peuple, et
défendre son pays et sa liberté.

Considérée dans son état actuel, épuisée
d'hommes et d'argent, séparée de la ligue
germanique, démoralisée dans la conscience
des peuples pour son alliance avec Napoléon, l'Autriche bien qu'agrandie considéra-
blement par les derniers évènemens, doit
trembler de la position où elle se trouve, de

l'entrée des Russes en Pologne, de l'agrandissement de la Prusse leur allié naturel, et
du démembrement projeté de la Saxe, bou-
levard naturel de ses possessions.

Affaiblie plutôt que renforcée par ses dernières conquêtes, elle n'a pas su gagner le cœur
des peuples de l'Italie, et elle aura plutôt à les
contenir qu'à les faire servir à sa défense en
cas d'attaque. Ses armées jadis inébranlables,
formées à la hâte dans les derniers temps
de recrues prises dans la landwer et le
landsturm, n'ont encore pu acquérir l'ins-
truction et la discipline nécessaires. Excepté
sa cavalerie et quelques anciens régimens
qui faisaient partie de l'armée de M. de Belle-
garde, le reste eût été peu redoutable pour
de vielles troupes. Les marches et les fati-
gues seules eussent suffi pour en diminuer
grandement le nombre.

L'Autriche peut cependant mettre au besoin quatre cent mille hommes sous les armes,
et sa cavalerie sur-tout, est une des plus belles
de l'Europe.

Mais toutes les difficultés l'assiégent à-la-
fois dans cette circonstance; d'un côté, ses
finances sont épuisées, son armée en partie
nouvelle, et non encore instruite, ses con-

quêtes mécontentes et mal assurées , son influence en Allemagne éclipsée par l'empereur Alexandre, son autorité sur la confédération de l'Empire détruite; la Bavière, de même que tous les cercles qui ont changé de constitution sont devenus ses ennemis, et la regardent du même œil qu'un affranchi verrait son ancien maître.

Voyant avec effroi l'agrandissement de la Prusse, son ennemie naturelle, effrayée du voisinage subit de la Russie qui va s'étendre jusqu'aux sources de l'Elbe , et borde déjà d'une armée nombreuse les rives de l'Oder ; à peine revenue de l'étonnement où viennent de la jeter tant d'évènemens imprévus où elle a combattu contre ses véritables intérêts, et comme pour avancer elle-même sa ruine et donner à la Russie la possibilité et la facilité de l'écraser ; j'ignore de quel œil son cabinet verra le dédale obscur où elle se trouve renfermée, quel génie lui inspirera des mesures assez sages pour détourner les malheurs qui la menacent, et contre lesquels elle n'a de garantie momentanée que la volonté et la générosité de l'empereur Alexandre.

Mais cette générosité suffira-t-elle pour

donner une garantie et une confiance suffisante à l'Autriche, qui, par la conséquence nécessaire de sa position, se trouve dans des rapports trop éloignés avec la France pour compter sur elle au besoin. La France, elle-même épuisée, endettée et liée par la reconnaissance serait-elle bien à même de secourir l'Autriche attaquée par la Russie, devenue Pologne, Prusse, Saxe, et plus grande et plus puissante en Europe que le reste de cette partie du monde?

La générosité de l'empereur de Russie s'est noblement déployée, je le sais, dans les momens qui ont suivi la cessation des hostilités. Mais sans attaquer cette conduite héroïque et libérale, ne peut-on pas réfléchir aussi, et dire que sa conduite devait être ce qu'elle a été même pour son propre intérêt?

Les succès étonnans des alliés en France, et leur dénouement sur-tout, n'avait été ni prévu ni espéré. Un enchaînement inconcevable de circonstances et la folie de Napoléon, que n'avaient sûrement pas du calculer les alliés au moment de la signature du traité, les ont amenés à l'improviste.

Si l'on eût dit à l'Autriche avant la campagne : Vous allez détrôner votre gendre, avilir votre fille , humilier la France , la mettre hors d'état de vous secourir lorsque vous viendrez à être attaqué par la Russie et la Prusse, que vous agrandissiez, et auxquels vous fournissez les moyens de vous vaincre et de vous subjuguer ; qu'eût-elle répondu ? je le demande à ceux qui sont même étrangers à la politique.....

La Russie, prépondérante au milieu des alliés, livrée momentanément à l'ivresse du succès, n'a-t-elle pas dû penser que si elle ne brusquait pas un dénouement si convenable à ses intérêts, les explications que demanderaient l'Autriche, l'hésitation du premier moment en France, pourraient ramener contre elle des chances telles que sa perte à elle-même en pouvaient être la funeste conséquence ?

En effet, si l'Autriche, que l'on s'est dispensé de consulter, eût pris subitement le parti de tourner ses armes en faveur de Napoléon, regardant l'envahissement de la Pologne et le démembrement de la Saxe comme une éloquente prophétie du sort qui la menaçait ; si pour se soustraire à l'humiliation du rôle qu'elle a joué en détrônant elle-même à son insu, son gendre, sa fille et son petit-

fils ; si dis-je, elle eût commandé à son armée en Italie, de se joindre avec son allié à
celle du vice-roi, et qu'avec cent-cinquante
mille hommes qu'elle eût réuni, elle se fût
placée sur les derrières de la coalition ; alors
la face de l'Europe eût été changée encore
une fois, et l'Autriche, au lieu d'être stupé-
faite, humiliée, et dans la dépendance de la
Russie et des circonstances, eût commandé
en maître à ceux qui peuvent aujourd'hui lui
faire la loi.

- O Fortune ! un instant suffit pour opérer
une révolution entière de ta roue perfide !
jamais peut-être depuis l'existence du globe,
cette vérité n'a été prouvée par l'exemple
comme dans les derniers évènemens. La
rapidité avec laquelle ils se sont succédés a
été telle que ceux même qui les dirigeaient,
entraînés par eux, en concevaient à peine la
possibilité que déjà ils étaient engloutis pour
jamais dans l'abîme des destinées.

Comment l'Autriche se présentera-t-elle
au congrès ? Ses liaisons avec la France sont
rompues ; entourée de voisins imprévus, devenus puissans et redoutables, conservera-
t-elle l'attitude pacifique d'un allié malgré ses
craintes et ses ressentimens ; ou bien lais-

sera-t-elle éclater la juste plainte qu'elle a droit de faire contre ceux qui se sont servis d'elle contre elle-même ; prendra-t-elle une attitude militaire ; aura - t - elle les moyens de faire respecter la justice de sa cause ; appellera-t-elle à venger son injure , l'Italie entière, ou sa conquête, ou son allié ; ou bien se bornera-t-elle à défendre ses possessions nouvellement conquises', à s'assurer des derniers agrandissemens que le hasard vient de lui donner, et bornera-t-elle ses prétentions à couvrir de son égide le roi de Naples, que son devoir et son intérêt lui prescrivent de défendre de la jalousie des rois nouvellement rétablis, et des engagemens politiques de l'Angleterre avec la cour de Sicile?

Quelle que soit sa conduite, aussi impossible à prévoir que tous les évènemens inconcevables. qui se succèdent depuis vingt ans ; je ne crains pas de prononcer qu'elle sera pénible et difficile : son silence, et la confirmation d'une paix momentanée, laisseront un glaive menaçant suspendu sur sa tête. En s'obstinant à repousser les frontières de la Russie, à rétablir la Saxe et à défendre son allié le roi de Naples, la guerre ne viendra-t-elle pas encore une fois déranger tous

les calculs de la politique et changer de nouveau les limites à peine tracés des empires
rétablis?

En cas de guerre, ou seront ses alliés suf-
fisans pour résister à la Russie, à la Prusse,
à l'Allemagne, et peut-être à l'Angleterre
réunis?

En cas de paix, quelle garantie lui don-
nera-t-on contre l'invasion toujours possible de ses anciens alliés? Je ne crains pas
d'avancer ici qu'alors tous ses efforts doivent
tendre à se concilier tous les esprits de l'Italie
conquise, et à défendre de tout son pouvoir,
et malgré tous ses ennemis, le roi de Naples
que ses traités et son intérêt rendent néces-
sairement son allié, tandis qu'en le sacri-
fiant, il trouverait dans la cour de Sicile, un
ennemi de plus, que la nature des localités
aurait jeté sur ses derrières, tandis qu'elle
vient de placer devant lui des adversaires
si redoutables et si allarmans.

La Prusse, alliée, et comme province actuelle de la Russie, fera naturellement ap-
prouver ses prétentions par l'empereur Alexandre avant d'en ouvrir la discussion au
congrès. La Prusse, nation brave et guer-
rière, redoutable même lors de l'ancienne

distribution de l'Europe, vient de prendre un essor qui lui rend son attitude militaire. Elle a beaucoup souffert, elle a droit à de grandes indemnités ; elle aura de grandes prétentions, mais de quelque manière qu'elle obtienne ses indemnités, l'extrême longueur et le peu de largeur de ses possessions ne lui permettront jamais de devenir isolément redoutable à l'Autriche ; mais unie à la Russie et entraînant avec elle tous les petits Etats de l'Allemagne, elle peut contribuer à changer encore une fois la face de l'Europe, et la replonger dans le labyrinthe des révolutions.

L'Espagne et le Portugal, quoique formant sous Charles-Quint la première puissance de l'Europe, occupée aujourd'hui de ses affaire intérieures, ruinée, incendiée, appauvrie d'hommes et de ressources, n'ayant aucune prétention au partage des indemnités de la conquête, n'aura de réclamations à faire qu'en faveur de la branche de Sicile et de ses prétentions au royaume de Naples.

Le Danemark, dont le gouvernement, malgré sa sagesse, n'a pu éviter d'être acteur et victime de cette grande lutte des nations, proposera la confirmation de ses

droits à la Norwège. La Suède les lui dispu-
putera comme indemnité de la Finlande, que
probablement la Russie conservera malgré
son système de restitution.

Au milieu de tant d'intérêts divers , que
deviendra cette belle portion de l'Europe,
cette antique Italie, jadis maîtresse du monde
connu, et, depuis, tant de fois conquise et ra-
vagée ?

Toujours morcelés, toujours divisés, les
généreux Italiens attendent depuis des siècles
leur réunion en une masse suffisante pour
faire une nation. Encore destinée aux indemnités, l'Italie septentrionale attend en frémis-
sant la connaissance du sort qui lui est réservé.

L'Italie méridionale, à laquelle la politique
intéressée dispute un roi qu'elle chérit, et à
laquelle elle doit d'avoir reçu, pour la première fois une organisation régulière et la
formation d'une armée, verra-t-elle encore
une fois la guerre civile déchirer son sein,
les proscriptions décimer ses citoyens, ou
les disperser comme proscrits sur le théâtre
encore fumant des dernières guerres des
nations ?

Ah ! si les vœux des peuples sont exaucés,

ceux à qui le ciel et la fortune ont commis le soin d'être les grands arbitres des nations, n'écouteront que la voix de la justice et de l'humanité. Le droit d'une propriété héréditaire ne les entraînera point à prononcer contre une nation entière, contente de son sort, et qui n'aurait à gagner que des malheurs et des déchiremens en changeant de maître.

Satisfaits d'avoir pacifié le monde, il ne leur reste plus qu'à donner aux races futures une grande leçon de morale politique, un exemple aux monarques et aux sujets, en confirmant le roi de Naples, et consacrant l'élection du prince de Suède par un assentiment général.....

Voir aux deux extrémités opposées de l'Europe, deux trônes occupés par des héros, de soldats devenus rois, établis par les armes, maintenus par l'amour des peuples, et consolidés par la reconnaissance des nations qu'ils ont délivrés, et de leurs souverains qu'ils rivalisent en vertus, me semble un spectacle digne de l'histoire et du sénat qui va prononcer sur leur sort.

Les peuples liront, dans cette décision libérale, l'encouragement et la récompense de leur amour et de leur dévouement pour les bons rois, et les rois qui y puiseront cette belle maxime : qu'ils doivent tout à leurs peuples, et qu'en faisant leur bonheur ils assurent leur trône et affermissent leur autorité.

Mais, je m'oublie en écoutant mon cœur, qui sourit à toutes les idées grandes et généreuses, que le lecteur me pardonne en faveur du motif qui m'entraîne vers l'idée qui me semble la plus conforme au bien général, même au préjudice de quelqu'un en particulier.....

J'ai peint l'Europe telle qu'elle est sous mes yeux; j'ai dit ce que je vois et ce que j'ai vu; puisse le souverain des rois et des empires, verser la pitié dans le cœur des maîtres des nations!.....

Puisse l'effrayant souvenir des dernières révolutions de l'Europe, étouffer en eux toute ambition coupable, et les porter à réparer par une longue paix, les maux affreux d'une longue guerre.

FIN.